LE FILS

DE

LEVASSEUR

De la Sarthe

A SES CONCITOYENS

LE MANS

IMPRIMERIE BEAUVAIS

19, place des Halles, 19

—

1862

LE FILS

DE

LEVASSEUR DE LA SARTHE

A SES CONCITOYENS.

J'attendais de Paris et de Sédan des renseignements qui m'étaient nécessaires pour répondre aux virulentes insultes que déverse sur la mémoire de mon père, M. le médecin Le Pelletier, *de la Sarthe*, dans l'ouvrage qu'il vient de publier, ayant pour titre : *Histoire complète de la Province du Maine*.

On a écrit sur la Révolution de '89, une grande quantité de volumes. Chaque écrivain a peint les événements qui ont surgi depuis cette époque, selon le parti qu'il avait embrassé. Les uns et les autres se sont plaints amèrement de l'inexactitude des faits cités, de la mauvaise foi des historiens leurs adversaires.

Nos plus célèbres historiens, tels que MM. Thiers, Vaulabelle, Carnot (fils), présentent les faits avec une sage impartialité ; ils ont compris que le temps qui use tout, avait usé les passions haineuses des divers partis, et qu'enfin ces éternelles récriminations sur des faits accomplis, sur les hommes qui prirent une part active à l'ère de la Révolution, loin de calmer les esprits si vivement impressionnés par les événements de notre époque, ne pouvaient qu'irriter les hommes les uns contre les autres, et troubler la paix des familles. Ces mêmes sages historiens ne voient dans les événements antérieurs que la marche progressive de l'esprit humain avec ses phases plus ou moins heureuses, plus ou moins terribles et déplorables ; ils jugent sans passion ces hommes énergiques, victimes expiatoires des nécessités de ces époques si difficiles.

Soixante-douze ans ce sont écoulés depuis 89 : on a dit, on a écrit tout ce qu'il était possible d'écrire sur l'ère de la Révolution. Voilà qu'un prétendu historien, ou ce qui est plus rationnel, un *historiogriffe*, croyant faire mieux que les sages et savants historiens dont je viens de citer les noms célèbres, livre à l'Impression deux énormes volumes dans lesquels il diffame, avec une grande exubérance de fiel, une foule de ses concitoyens qui ont pris une part plus ou moins active dans l'ère de la Révolution ; la tombe où ils sont descendus depuis trente ou quarante ans ne les met point à l'abri de la triste et fougueuse éloquence du savant docteur Le Pelletier, *de la Sarthe*.

Je passerai légèrement sur les défauts, les expressions rogues, je puis ajouter encore ignobles, qui abondent dans l'ouvrage du savant et délicat docteur Le Pelletier, j'ai fort peu de goût pour la critique. Je sais combien il est difficile de faire un bon ouvrage littéraire, mais ce qui n'est pas tolérable pour un noble cœur quel que soit le parti qu'il a embrassé, c'est de tronquer les faits historiques, de les présenter sous un faux jour ; c'est d'exciter la haine de ses contemporains contre des hommes qui, depuis un grand laps de temps ont cessé de vivre et ne peuvent défendre leurs actes politiques : mais ces personnages ont laissé des fils, des parents, des amis qui rempliront, je n'en fais point de doute, le devoir sacré de les justifier des violentes accusations portées contre eux par leur compatriote Le Pelletier, *de la Sarthe ;* je vais leur en donner l'exemple. Le fils qui défend la mémoire de son père, doit être certain de trouver de la sympathie dans tous ceux qui possèdent le sentiment de la piété filiale.

Si, dans la justification de la vie et des actes politiques de mon père, il m'échappe quelques expressions un peu vives contre M. Le Pelletier, je prie mes lecteurs de porter un regard sur les aménités de style de cet historiogriffe : il n'a pas fait patte de velours à l'encontre de son compatriote Levasseur, de la Sarthe.

En parlant de l'assemblée des notables à Saint-Calais pour l'élection d'un député à la Convention, il ajoute (1) : « ... D'une telle assemblée dominée par des énergumènes sortit, comme la foudre du sein de l'orage, le nom du trop célèbre Levasseur ; ce député de la Sarthe, ce représentant, aura bien assez de son affreuse et triste renommée sans lui donner une aussi poétique, une aussi pompeuse *éclosion (sic)* (1). »

(1) 2ᵉ vol., page 000.

(1) Ah ! savant docteur ! voilà du Phébus, du Galimathias : votre professeur de rhétorique (M. Royer), dont vous dites charitablement plus de mal que de bien,

Levasseur, de la Sarthe, pendant son exil à Bruxelles, composa ses Mémoires qui furent imprimés en 1832 (1). Il raconte sans passion haineuse les événements dont il a été le témoin, il défend avec force ce que tant d'autres ont attaqué avec fureur et mauvaise foi. Il ne dissimule point ni ses opinions, ni la part qu'il prit aux décrets de la Convention, mais il flétrit énergiquement les excès commis par quelques-uns de ses collègues (2).

Il avoue franchement les fautes de la Convention.

Suivons maintenant M. Le Pelletier dans ses violentes accusations contre mon père. Dans le deuxième volume de son histoire, chapitre II, page 215, il cite un passage des Mémoires de Levasseur : « J'ai repoussé les calomnies à l'aide desquelles on a défiguré ma « mission à Sédan. »

Où donc, ajoute M. Le Pelletier : « *Nous avons cherché vainement cette justification, cependant bien nécessaire, pour faire tomber cette qualification de boucher de Sédan, que nous avons entendu formuler à titre de complément du portrait.*

M. Le Pelletier est de la mauvaise foi la plus insigne; il possède les quatre volumes des Mémoires de mon père, il a vu par l'arrêté du Comité de salut public et celui du Comité de sûreté générale, que mon père est forcé, à son grand déplaisir, de quitter l'armée du Nord, pour exécuter les deux arrêtés précités qui lui enjoignent impérativement de faire arrêter les personnages qui étaient nominativement désignés dans ces deux arrêtés (1). Sous tous les gouvernements qui se sont succédés depuis 89, les agents du gouvernement, soit un préfet, un général, un procureur royal ou impérial, ont été forcés d'exécuter les ordres qu'il recevaient de l'autorité supérieure. Qu'eût fait alors le docteur Le Pelletier ? eût-il risqué sa tête par un refus, lorsque peu de temps avant celles des Girondins, de Bailly, de Barnave, de Mme Rolland, ces nobles victimes de cette déplorable crise, roulaient sur l'échafaud. Mon père fit tout ce qu'il était en son pouvoir pour adoucir leur triste position, il le dit net-

vous a bien certainement fait connaître les défauts du style, tels que le Galimathias, le Phébus, la Battologie, la Tautologie, etc., etc. Vous n'avez pas bien profité de ses doctes leçons. Que signifie dans votre phrase le mot *éclosion*, il est peu usité, selon tous les dictionnaires de la langue française ; on ne se sert du mot éclore qu'avec l'auxiliaire *être*, on dit faire éclore des vers à soie, des poulets..... M. Le Peltier est docteur en médecine et non en ès-lettres.

(1) *Mémoires de Levasseur de la Sarthe*, t. Ier, introduction.
(2) *Loco citato*, chap. Ier, page 43.
(3) *Loco citato*, t. II, chap. XVI, page 257.

tement dans ses Mémoires (1). M. Le Pelletier n'en tient aucun compte, ainsi que du témoignage de Baudin des Ardennes (2). Dans tous les ouvrages qui ont été faits sur l'ère dite de la Terreur, aucun auteur n'a incriminé mon père sur cette malheureuse mission. Voici ce qui a donné lieu à cette ignoble épithète de *boucher de Sédan*, dont M. Le Pelletier s'est servi deux fois dans son histoire :

Une femme nommée Pocheton, aubergiste sur la place des Halles, s'écria en voyant mon père descendre de la voiture publique qui revenait de Paris : «Tiens, voilà ce Levasseur, ce boucher de Sédan ! » Un gros Monsieur nommé Lacrochardière, ancien maire de la ville du Mans, avait la manie de recueillir par écrit toutes les diatribes débitées alors contre les partisans de la Révolution. Après la mort de cet ex-maire, on trouva dans le panier où l'on jette les papiers inutiles, un manuscrit que, dans la suite, on déposa dans la bibliothèque publique de la ville du Mans. C'est dans un panier aux chiffons que M. Le Pelletier a pris certains documents historiques ; il se complaît à répéter deux fois l'exclamation d'une méchante femme. Le mot *boucher* est plat et il ne présente pas une expression juste : le boucher tue, assomme ; il est question dans cette affaire d'une arrestation de quelques citoyens de Sédan et de leur envoi au Comité de salut public. Mon père a fait ce que monsieur Hérode avait ordonné à monsieur Pilate, mais Levasseur fut plus humain que le juge juif, il fit, ainsi que je viens de le dire, tout ce qu'il était en son pouvoir pour donner à ces malheureuses victimes des dissentions politiques les moyens de se justifier. Le premier devoir d'un historien est d'être exact, véridique dans les faits qu'il cite, et juste dans ses expressions. Tacite, en parlant de Néron, dit : « Son « âme était pétrie de boue et de sang. » Les faits et gestes de ce monstre étaient palpitants d'actualité, ces mots *sang et boue* présentent une image aussi juste qu'elle est profonde et énergique.

M. Le Pelletier a copié, dans ce manuscrit de ce M. Lacrochardière, des platitudes sur mon père, qui ne méritent pas la peine d'être répétées ; ce serait un travail trop fastidieux, et je craindrais d'abuser de la patience de mes lecteurs.

Je laisse à leur impartialité de décider par l'extrait du discours qui suit, si mon père a justement mérité l'épithète de terroriste que lui prodigue l'*historiogriffe* Le Pelletier.

(1) *Loco citato*, page 263.
(2)   *id.*   t. III, page 274.

Les deux premiers volumes des Mémoires de Levasseur de la Sarthe furent publiés en 1829 : ils subirent, sous le gouvernement de Louis XVIII, les rigueurs du tribunal de police correctionnelle et de la Cour Royale (1).

M. Berville, une des célébrités du barreau de Paris (2), voyant une belle et juste cause à défendre, s'en chargea *gratuitement*.

Voici un extrait de son discours qui se trouve en entier à la fin des Mémoires de mon père :

« Messieurs,

« Si je voulais montrer par une preuve sensible combien l'accusation est vaine et la société désintéressée dans ce procès fait en son nom, je la trouverais dans les dernières paroles que vient de proférer l'organe du ministère public. L'ouvrage incriminé, vous disait-il, s'adresse à des passions qui ne sont plus : il retrace des événements déjà vieux de quarante années ; il réveille des idées qui ne sont plus les nôtres. Rien de plus vrai que ce langage ; ce que j'ai peine à concevoir, c'est qu'on ait pu trouver dans ces considérations un motif de nous accuser.

« En écoutant les développements de l'accusation, je dois l'avouer, ma surprise a été extrême. Je croyais que depuis longtemps nous en avions fini avec le système des interprétations, avec cette sorte de chimie intellectuelle qui rapproche pour les combiner des éléments épars dans un ouvrage, inculpe l'introduction par le livre, le livre par les pièces justificatives, et demande à la page 82 ce qu'il faut penser de la page 209. Ce n'est pas sans quelque fatigue , et, disons-le, sans quelque amertume, que nous nous voyons sans cesse obligé de combattre pour des principes que nous croyons reconnus, pour des vérités que nous devions nous croire définitivement acquises (3) . . . .

« ..... Voilà qu'après quarante ans un de ces hommes qui a survécu, qui a persisté dans ses croyances, dont la sincérité ne peut être douteuse, car il a pu changer comme tant d'autres, et il a préféré la persécution à l'apostasie, voilà qu'un de ces hommes élève enfin la voix pour se justifier. Son écrit, grave, purement historique, ne touche à rien d'actuel, la postérité a déjà commencé pour lui, il entreprend de prouver, non que les crimes commis n'ont pas été des crimes, mais qu'ils n'ont pas été son ouvrage, ni l'ouvrage de son parti (4). . . . .

« ..... Mais, dites-vous, Levasseur fait l'éloge de l'anarchie ! au contraire il la déplore, il l'appelle une calamité fatale ; il en signale les inconvénients terribles, *il approuve les excès de la révolution !* Au con-

(1) Voyez au commencement du t. III mon Introduction.
(2) M. Berville, décédé depuis, était président de la Cour Impériale à Paris.
(3) T. IV, p. 308.
(4) P. 308.

traire, il les flétrit dans vingt endroits de son livre ; tout son système se réduit à dire : « Pressés entre l'invasion et l'anarchie, de deux maux « nous avons choisi le moindre ; si des crimes ont été commis, détes- « tez-en les auteurs, mais n'en accusez pas le gouvernement qui ne « les a point commandés ; ils n'ont pas été le résultat d'un plan com- « biné à l'avance ; mais un malheur attaché à l'usage d'une arme « nécessaire pour nous défendre ! il y a eu des crimes, parce qu'il y « avait eu désordre dans l'État : désordre, parce qu'il y avait anarchie, « parce que d'immenses dangers nous menaçaient et qu'il ne nous restait « que l'énergie des masses pour sauver la liberté et la France ; mais ces « crimes appartiennent à des individus ; la majorité en est inno- cente (1). » . . . .

« On s'est souvent récrié, non sans raison, contre l'abus du système interprétatif, contre cette méthode abusive qui, séparant ce qu'un auteur a joint, joignant ce qu'il a séparé, forçant sa pensée, pressant son langage pour en exprimer des conséquences auxquelles souvent il n'avait pas songé, rend l'ouvrage méconnaissable au public et à l'écri- vain lui-même ; mais jamais, il faut l'avouer, cet abus n'avait été porté si loin qu'à votre dernière audience. Nous avions vu souvent l'accusa- tion faire dire à un écrivain ce qu'il n'avait pas dit, nous ne l'avions pas vu encore lui faire dire précisément le contraire, non de ce qu'il a pensé, non de ce qu'il a dit, mais de ce qu'il a écrit. A entendre l'orateur du ministère public, Levasseur a fait l'éloge des journées de Septembre, l'éloge de Marat, l'éloge des crimes de la Révolution. Vous allez voir comment ces reproches sont mérités. Ouvrez, Messieurs, le premier volume à la page 45, voici ce que vous y lirez :

« Nous eûmes à *déplorer bien des malheurs* et à nous indigner *de* « *plus d'un crime.* Les malheurs du 2 septembre vinrent *épouvanter la* « *France* au moment où elle allait s'élancer vers un avenir meilleur. « *Ces crimes, ces désastres* ont été reprochés aux hommes avec lesquels « j'ai longtemps voté ; je dois repousser une telle accusation, *la plus* « *hideuse et la plus injuste* de celles qu'on a essayé de faire peser sur « nous. Non, les patriotes exaltés, qui composèrent la Montagne, n'ont « pas provoqué les *assassinats* de septembre, ils n'ont pas vu les « *crimes* avec moins *d'horreur* que le reste de la France. »

« Voyez page 64. « C'est alors que les horribles journées de sep- « tembre vinrent *épouvanter tout ce qu'il y avait d'honnêteté en France.* « Tandis que la crainte de l'invasion poussait aux frontières tous les « cœurs généreux, des hommes *altérés de vengeance* trouvaient plus « facile d'assouvir leur rage sur de malheureux prisonniers. Ces *fatales* « *journées* sont assez connues. »

Levasseur a loué Marat !....

« Ouvrez encore le premier volume, p. 64. « Il faut le dire, la dépu-

« tation de Paris et la Montagne avaient dans leur sein deux hommes
« qui prêtaient aux calomnies de la Gironde. Le premier... le second,
« républicain arbitraire, possédé par quelques idées fixes, compro-
« mettait la cause de la liberté par ses exagérations. Il ne craignait
« pas de proclamer que ses principes ne pouvaient triompher qu'en fai-
« sant couler des flots de sang, et dans sa *sombre monomanie*, il deman-
« dait le sacrifice de deux cent soixante-dix mille têtes. Un tel homme
« était un funeste drapeau pour le parti au milieu duquel il vint
« siéger etc..... Ce fanatique énergumène nous inspirait à nous-
« mêmes une sorte de répugnance et de stupeur. Lorsqu'on me le
« montra pour la première fois, s'agitant avec violence au sommet de la
« montagne, je le considérai avec cette curiosité inquiète qu'on éprouve
« en contemplant *certains insectes hideux ;* ses vêtements en désordre,
« sa figure livide, ses yeux hagards avaient je ne sais quoi de *rebutant*
« et *d'épouvantable* qui contristait l'âme. »

Levasseur a loué l'anarchie !....

« Ouvrez le second volume à la page 194..... « Certes, ces con-
« damnations politiques toujours odieuses, même lorsqu'elles sont
« justifiées par les faits et qui le deviennent bien plus encore lorsque le
« glaive a frappé des innocents, ces condamnations, ces échafauds
« répandent une teinte *hideuse* et *sinistre* sur l'histoire de l'époque
« qu'ils ont *effrayée*. Déplorons ces sanglants sacrifices ; déplorons-les,
« car une seule goutte de sang humain ne peut être versée par un
« homme, sans que l'humanité ne doive frémir, etc. . . . .

« .... Bien des excès suivirent ces admirables faits d'armes : Fouché
« et Collot-d'Herbois dans Lyon, Fréron à Marseille, Carrière à Nantes,
« réunissent leurs efforts pour faire *haïr le nom Français et les insti-*
« *tutions républicaines*. Mais les *crimes* de ces hommes étaient-ils ceux
« de la répulique ? Tous les patriotes sont-ils responsables des actes de
« quelques *monstres ?* Non, sans doute ; il existe encore d'ardents répu-
« blicains qui ne répudieront pas leur noble croyance, parce que des
« *tigres* qui prétendaient la servir, se sont souillés de mille excès.
« Hélas ! trop de vengeances nécessaires ont été suscitées par nos dis-
« cordes civiles : *honte* et *malheur* à ceux qui se sont faits les ins-
« truments de vengeances inutiles, de sanguinaires proscriptions !
« Ceux-là, heureusement, ne se sont pas trouvés dans nos rangs au jour
« du péril. »

Levasseur a loué les crimes de la Révolution !....

« Ouvrez le volume à la page 145..... Vous voyez, Messieurs, que
« toutes mes réponses sont péremptoires..... Il n'est pas permis
pourtant, Messieurs, de retourner ainsi pour l'accuser, la pensée d'un
orateur, de lui imputer précisément le contraire de ce qu'il a formellement exprimé.

« ..... Je dois relever à cette occasion, une nouvelle erreur du
ministère public ; pour rendre Levasseur plus odieux, il vous a rap-

pelé que c'est lui qui a fait instituer le tribunal révolutionnaire. « Ce
« tribunal de sang , qui jugeait sans défenseur , qui n'appliquait
« qu'une peine, la mort, etc., etc... » « Il y a ici méprise complète,
Levasseur a bien fait instituer un tribunal révolutionnaire au commencement de 1793 (1) , mais ce tribunal , quel qu'il fût, n'était
pas l'affreux tribunal qu'on vous a dépeint. Celui-là n'a existé
qu'en 1794, la loi qui l'a fondé est celle du 22 prairial, à laquelle
Levasseur et les siens se sont opposés.

    « Je le répète encore une fois, reportons nos regards sur ces temps
calamiteux ; à cet entraînement qui poussait la Convention à de si
terribles mesures, et, comme l'a dit Levasseur : « Cette abominable
« loi du 22 prairial, qui, pendant deux mois, fit répandre le sang à
« grands flots (2). »

Nota. Les cours prévôtales étaient-elles plus humaines ?   F.-L. Lev.

Je ne prolongerai pas davantage d'autres citations du discours de
M. Berville, je prie mes lecteurs de parcourir les quatre volumes
des *Mémoires de Levasseur de la Sarthe*. Je vais maintenant prendre dans ces Mémoires et dans mes souvenirs quelques actes de la
vie politique de mon père.

Nommé commissaire près l'armée du Nord par un décret de la
Convention, Levasseur de la Sarthe contribua, par sa fermeté et le
courage dont il donna des preuves, au succès de la bataille
d'Houdschoote. Les Anglais, les Hollandais et les émigrés français
furent repoussés jusqu'à Furnes, malgré l'ineptie et le mauvais
vouloir du général en chef (Houchard). Dans cette mémorable affaire
militaire , le général anglais Cochenhausen et le vieux général
Walmoden restèrent sur le champ de bataille, et le siége de Dun-
kerque par le duc d'York fut levé (3). Après le siége de Ménin,
Levasseur revint à Paris ; c'est là qu'il apprit que ses collègues
Hentz, Peyssard et Duquesnoy, envoyés extraordinaires à l'armée du

---

(1) Note du fils de Levasseur :
Il y a aussi erreur de la part de M. Berville. Voyons à la page 109 du premier
volume des Mémoires de mon père, voici ce qu'il dit :
« . . . . . Plusieurs sections de Paris parurent à la barre pour peindre le zèle
« qui poussait les citoyens aux frontières, et pour inviter la Convention à les ras-
« surer sur l'intérieur, en faisant justice des conspirateurs royalistes. C'est alors
« qu'il fut proposé, par plusieurs membres, l'établissement d'un tribunal extraor-
« dinaire; j'en fis adopter le *principe* en ces termes :
« La Convention nationale décrète l'établissement d'un tribunal extraordinaire,
« sans appel et sans recours au tribunal de cassation pour le jugement de tous
« les traîtres, les conspirateurs, etc.
(2) T. III, ch. VI, p. 103.
(3) *Mémoires de Levasseur*, t. II, chap. VI, page 86.

Nord, venaient de destituer Houchard et le faire arrêter. « Dans
« ma correspondance avec le Comité de salut public, ajoute-t-il,
« je n'ai dénoncé ni *directement* ni *indirectement* ce chef. Peut-
« être aurais-je dû le faire arrêter après la bataille d'Houdschoote
« et le refus qu'il avait fait de poursuivre les anglo-hollandais sur
« la chaussée de Furnes (1). »

Houchard, traduit devant un tribunal, mon père fut forcé de
venir donner des explications sur l'affaire d'Houdschoote ; il se
borna à présenter les faits tels qu'il les raconte dans ses Mémoires (1) ;
il le fit sans passion aucune et il laissa au tribunal à prononcer sur
la culpabilité de ce général.

Envoyé à Angers pour repousser l'armée vendéenne, il fit prendre
toutes les mesures pour empêcher les Vendéens de passer la Loire,
ensuite il revint à Paris. « Le jour où je rentrai à la Convention, dit-
« il (2), Barrère, au nom du Comité de salut public, fit un rapport
« sur la guerre de la Vendée ; il dit entre autres choses, que le Co-
« mité de salut public s'était souvenu de ce que Levasseur avait fait
« à Houdschoote ; qu'il l'avait envoyé pour s'opposer au passage
« des Vendéens sur la Loire, et qu'il avait passé les espérances du
« Comité. Ainsi, terminait-il, cette malheureuse guerre est finie. »
Mon père prit la parole et dit :

« J'espère, comme le dit le rapporteur, que cette malheureuse
« guerre dans laquelle on a répandu tant de sang de part et
« d'autre, est finie ; mais n'oubliez pas, citoyens, que les vaincus
« sont des Français égarés par des prêtres et des nobles. Rendez à
« l'agriculture et aux arts des bras qui lui manquent ; je demande
« une amnistie en faveur du reste de l'armée vendéenne. »

Mon père était médecin de M. Pasquier (de Coulans). Peu de
temps avant le 9 thermidor, Mme Pasquier vint un jour prier mon
père de sauver ses deux fils, M. le duc Pasquier et son frère, qui a
été directeur de la Caisse d'amortissement ; ils étaient détenus au
Luxembourg. Mon père court au Comité de salut public, il obtient
par Carnot, avec lequel il avait quelques relations intimes, l'ordre
de relaxer MM. Pasquier, porte cet arrêté au Luxembourg, et, dans
le plus bref délai, il ramène deux malheureux fils dans les bras
d'une tendre mère (3). Ce Levasseur, ce terroriste, selon Le Pelletier,

(1) *Loco citato,* page 111.
(2) T. II, chap. xviii, page 286.
(3) Par une délicatesse de convenances, je n'ai point fait mettre ce fait dans les
Mémoires de mon père ; j'en appelle au souvenir de M. le duc Pasquier, qui existe
présentement.

ne craignait pas, dans un moment aussi critique, de s'exposer à l'animadversion des exagérés en sauvant d'une mort imminente deux nobles, deux aristocrates, selon le langage de ce temps-là.

Pendant qu'il était à l'armée du Nord il vint à Lille ; une députation de douze membres d'une société populaire vint lui demander le renvoi des nobles dans l'armée, il s'y refusa ; la députation ayant insisté, il répondit négativement avec fermeté et avec une fine ironie (1). Sa réponse au général Dupont, qui lui témoignait sa crainte d'être inquiété par sa qualité de noble, est-elle encore celle d'un terroriste ? Il eut aussi sauvé le gros Lacrochardière et le docteur Le Pelletier, en lui conseillant toutefois de ne plus faire imprimer d'ouvrages, soit en médecine, soit en politique, conseil qui lui avait été donné précédemment par un des rédacteurs du journal des *Sciences médicales* (2).

Je n'ajouterai rien aux passages que je viens de citer, mes lecteurs en verront d'autres dans les quatre volumes des Mémoires de mon père. M. Le Pelletier, qui a tant de fois traduit les ouvrages de Cicéron lorsqu'il faisait ses études classiques, devrait se rappeler cette maxime du grand orateur romain :

« Que l'historien n'ose dire une *fausseté* ni *cacher* une vérité. »

Je suis disposé à croire qu'il n'a pas été plus juste à l'égard de plusieurs de ses concitoyens, de M. Tourangin, ancien préfet de la Sarthe (3), qu'à l'encontre de mon père ; j'ai quitté très-jeune mon pays natal, je n'y suis revenu fixer ma résidence qu'après 38 ans de services dans l'Université et ayant obtenu une honorable retraite ; pendant ces longues années, je suis demeuré étranger à tout ce qui se passait dans mon pays.

Dans sa fureur de dénigrement aucune considération n'a pu arrêter l'*historiogriffe* Le Pelletier : l'empereur Napoléon Iᵉʳ est

______

(1) *Mémoires de Levasseur*, t. II, page 39-44.

(2) On lit dans *le journal complémentaire du Dictionnaire des Sciences médicales*, t. II, page 355, 356 (1818). Personne ne sera tenté de lui disputer le mérite de l'invention de sa théorie *nouvelle*. Ce jeune médecin nous paraît être du nombre de ceux qui prennent l'assemblage confus des idées les plus disparates pour un heureux choix dans les opinions, ou même pour une découverte dont on ne saurait trop lui savoir gré. Si son ouvrage était demeuré inédit, la science n'y aurait rien perdu, et nous aurions un mauvais livre de moins (1). (Art. signé *R*.)

(3) On sait pourquoi M. Tourangin est si maltraité dans l'ouvrage du savant et très-clément docteur.

______

(1) Alm. Le Pelletier, *Traité des Maladies scrophuleuses*. Paris, 1818, in-8

appelé l'échappé de l'île d'Elbe. Cela n'empêche pas M. Le Pelletier de porter la décoration de la Légion d'honneur instituée par cet *échappé de l'île d'Elbe.*

M. Le Pelletier se dispose, m'a-t-on dit, à faire une réponse à cette justification de la vie et des actes politiques de mon père ; j'ai rempli un pieux devoir comme fils ; je ne répondrai point à de nouveaux mensonges, à de cauteleuses insinuations, je lui en laisse la honte et la responsabilité morale.

F.-L. LEVASSEUR.

P. S. — Il circule, et en très-grande quantité, une méchante épigramme dont voici les deux premiers vers :

« Le Mans doit être fier de posséder Almire !
« Ce grand docteur !... Ce savant qui s'admire ! »

Je déclare *formellement* que je n'en suis point l'auteur : Elle existait avant mon retour dans mon pays natal.

———

Des exemplaires de cette réponse à l'ouvrage de M. Le Pelletier sont déposés chez MM. SEPPRÉ et JOUSSEAULME, libraires.

Le Mans, impr. Beauvais, place des Halles, 19.